Mein buntes
Origamibuch
Falt-Spaß für Kinder

christophorus

Liebe Kinder,

wisst ihr, was Origami bedeutet? Origami ist die Kunst des Papierfaltens. Sie kommt aus Japan und wird dort traditionell seit Jahrhunderten von Groß und Klein geübt. Es gibt aber nicht nur in Japan große Meister, die richtige Kunstwerke aus Papier zaubern können. Jeder kann, mit etwas Geduld und Übung, zu einem Faltkünstler werden.

Für dieses Buch haben wir nach Origami-Motiven gesucht, die so einfach sind, dass auch Kinder sie nachmachen können. Der einzige Unterschied zum „normalen" Origami ist der, dass unsere Figuren teilweise bemalt oder anderweitig verziert sind. Damit ihr alles leicht nachfalten könnt, findet ihr zu jedem Modell genaue Faltskizzen. Ein Grundkurs erklärt euch die verwendeten Faltsymbole. Manche Modelle sind einfach, andere etwas kniffeliger. Probiert sie einfach mit euren Eltern aus – oder auch schon ganz alleine, wenn ihr bereits zu den geübten Nachwuchsfaltern gehört.

Du liebst Tiere? Dann treff die kleine Hasenbande oder reise ins Land der Riesenfalter. Du möchtest deine Mami zum Muttertag überraschen? Dann schenke ihr ein schönes Herz oder einen bunten Blumenstrauß. Du magst Spiele? Dann falte dir einen lustigen Fangbecher oder verwandle einen Hut in einen bunten Fisch. Ihr seht: Für jeden kleinen Faltfreund ist die passende Idee dabei.

Nun aber ran ans Papier und los gefaltet!

Viel Spaß dabei wünscht euch

Eure Redaktion

Inhalt

Material und Hinweise

Faltblätter

Im Fachhandel werden Faltblätter aus unterschiedlichen Papiersorten angeboten, darunter Faltblätter superintensiv (65 g/qm), Origami-Faltblätter (75 g/qm), einseitig bedruckt, japanische Origami-Faltblätter (70 g/qm), beidseitig unterschiedlich bedruckt, Transparentpapier-Faltblätter (42 g/qm), Faltblätter aus Strohseide (25 g/qm) oder Faltblätter aus Regenbogen-Buntpapier (115 g/qm), einseitig bedruckt. Daneben ist jedes Papier geeignet, das sich scharf falten lässt, ohne zu reißen. Festes Papier erschwert das Falten. Bei Quadraten ist es wichtig, dass wie bei den fertigen Faltpapieren alle vier Seiten gleich lang und gerade geschnitten sind.

Falttechnik

Für Kinder darf die Faltarbeit nicht zu klein werden, für Anfänger sollte das Papier mindestens 15 x 15 cm groß sein. Geübtere Kinder kommen auch mit kleineren Formaten zurecht. Stets auf einer glatten, festen Fläche arbeiten und gerade und exakt falten. Zur besseren Orientierung können die Faltlinien auch leicht vorgezeichnet werden. Beim Falten nicht nur den jeweiligen, sondern auch den folgenden Schritt ansehen.

Faltschule

Origami schult nicht nur die motorische Entwicklung der Kinder. Sie werden durch das Falten von Papier auch an die Grundlagen von Mathematik und Geometrie herangeführt; spielerisch entwickeln sie einen Sinn für Proportionen und Formen. Mit jeder Verwandlung eines Faltblatts in eine Figur wächst zudem die Vorstellungskraft und mit ihr zahlreiche Ideen und spannende Geschichten.

Grundkurs Faltsymbole

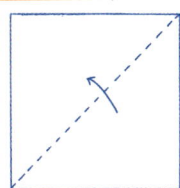 Falte das Papier in die angegebene Richtung nach vorne.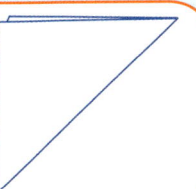

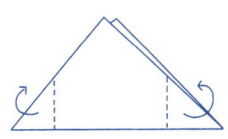 Falte das Papier nach hinten.

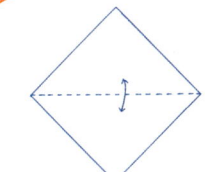 Falte das Papier zu und wieder auf. Du erhältst eine Faltmarkierung.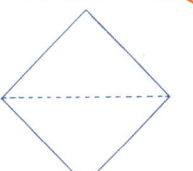

 Drehe die Faltarbeit um.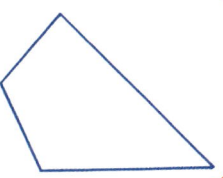

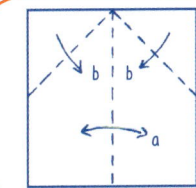 Falte in der Reihenfolge der Buchstaben.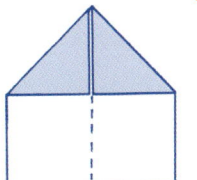

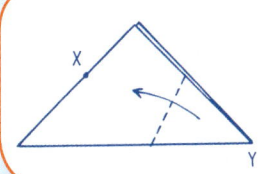 Falte die angegebenen Punkte deckungsgleich aufeinander (z.B. hier: Y auf X)

A, X, Y, 0 etc.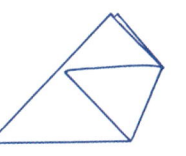

Für kleine Damen

Material

Pro Ring bzw. Kettenglied

- 1 Streifen alu-farbenes Faltpapier, Zuschnitt 7 x 2,5 cm

Für den Ring einen Streifen, für die Kette fünfundzwanzig oder beliebig viele Papierstreifen zuschneiden.

Zu 3:

Den Streifen zum Ring biegen und die Enden ineinanderschieben, so dass der Ring zusammenhält bzw. den gewünschten Durchmesser erhält.

Zu 5:

Einen zweiten Ring anfertigen. Vor dem Zusammenfügen …

Zu 6:

… den Streifen jedoch durch den ersten Ring führen.

Zu 7:

Erst jetzt den zweiten Ring zur Hälfte falten.

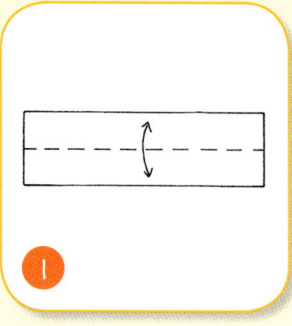

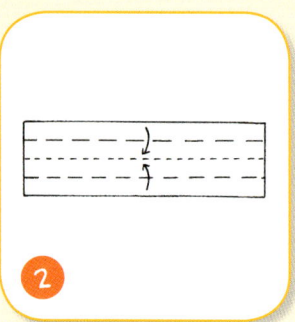

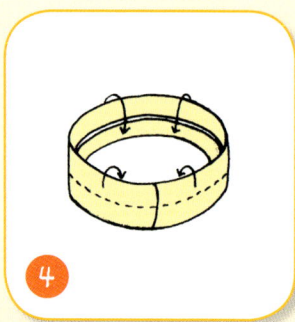

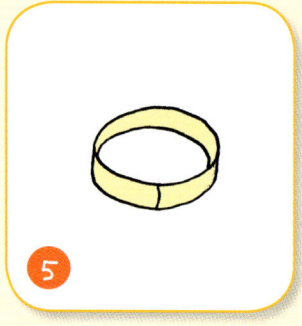

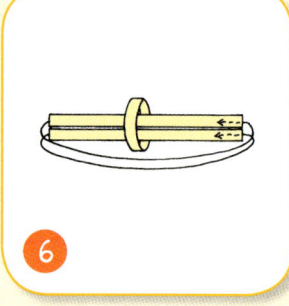

8: Bis zur gewünschten Kettenlänge fortfahren und den letzten mit dem ersten Ring zusammenschließen.

Spiel und Spaß

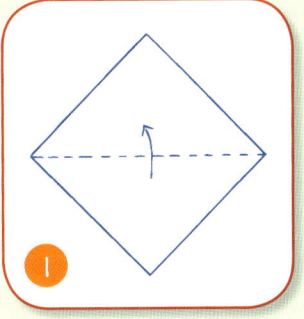

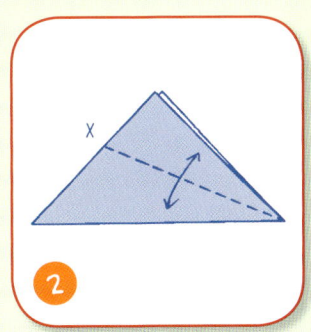

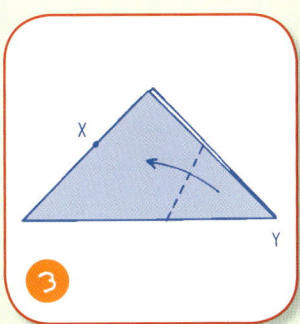

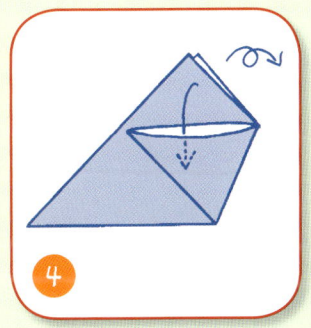

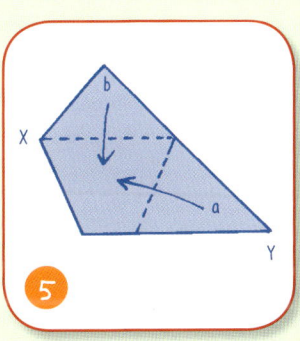

Material

- 1 beliebiges quadratisches Faltblatt
- Baumwollkordel
- Holzperle
- Stopfnadel
- evtl. kleine Feder

Spielanleitung: Ein ca. 50 cm langes Stück Kordel zuschneiden, an einem Ende die Holzperle einknoten und das andere Ende mit der Nadel von außen nach innen durch die Mitte des Becherbodens stechen; innen verknoten. Die Becherkanten leicht zusammengedrückt zwischen Daumen und Zeigefinger halten, die Perle an der Kordel leicht vor- und zurückbaumeln lassen, Schwung holen und hopp – mit etwas Übung landet die Perle direkt im Becher.

Echter Knaller

Material

- 2 Bogen festes farbiges Briefpapier, DIN A4

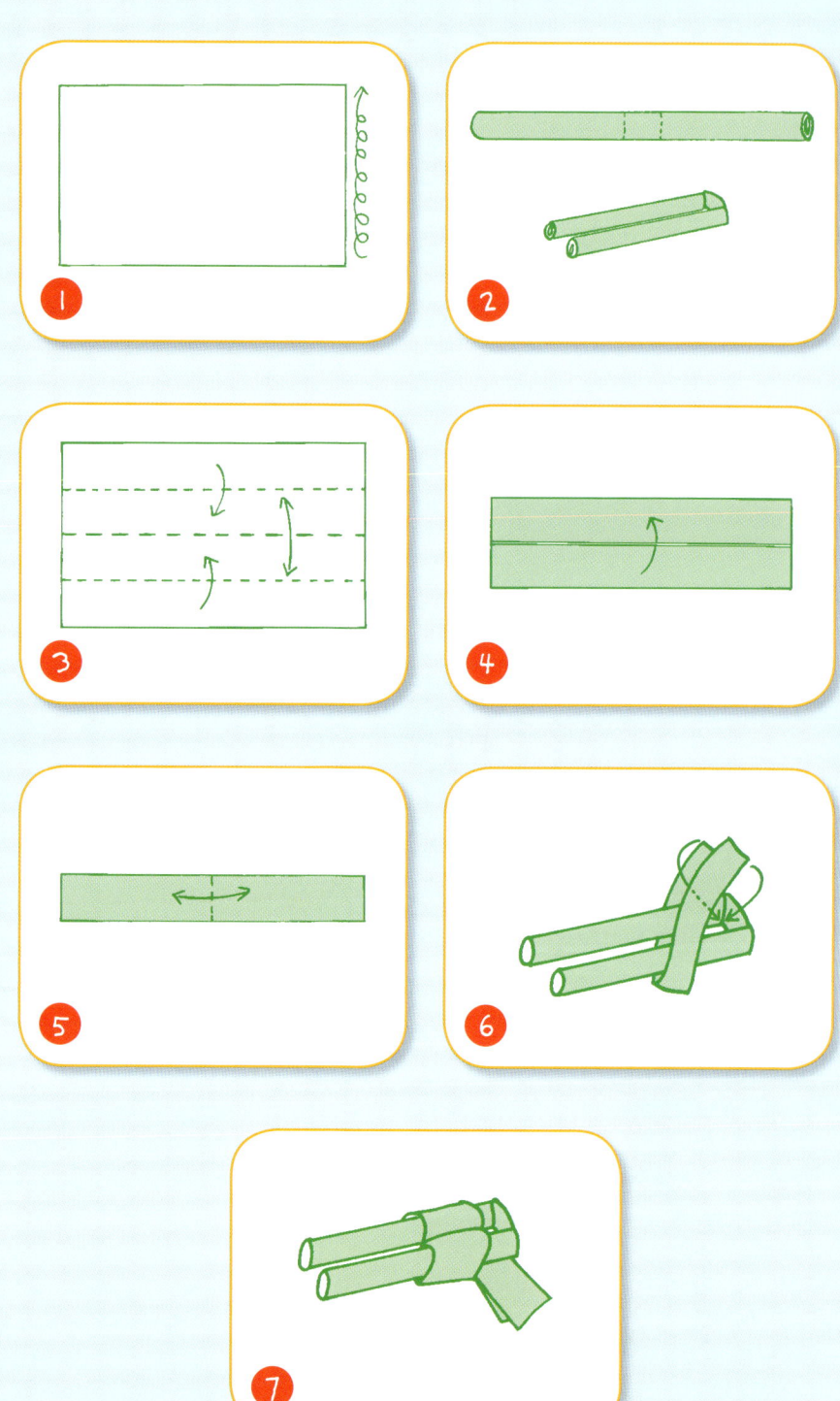

Hausbesitzer werden

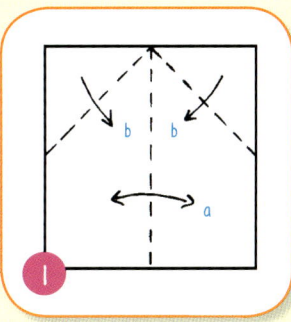

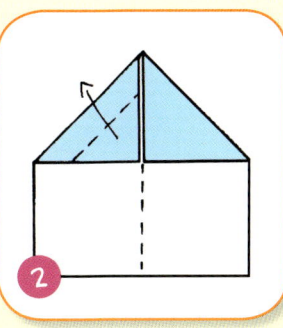

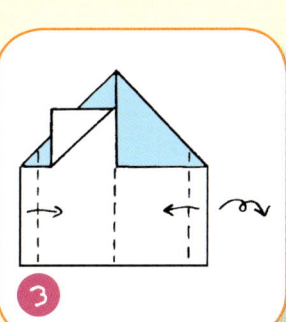

Material

- Faltblätter superintensiv, 10 x 10 cm
- Buntstifte in verschiedenen Farben
- dünner Filzstift in Schwarz

5: Die Häuser nach Abbildung oder Belieben mit den Buntstiften und dem Filzstift bemalen und wie gezeigt in einen Rahmen kleben.

Ein Herz für Hunde

Material

- Pro Hundekopf
  1 Faltblatt super-
  intensiv, 10 x 10 cm
- Für den ganzen Hund
  2 Faltblätter aus Stroh-
  seide, 14 x 14 cm
- Wackelaugen mit
  Wimpern, oval
- Tonkartonrest in Weiß
  und Braun
- Papierreste, einfarbig
  und gemustert
- Plastik-Tiernase,
  10 x 10,5 cm
- Rest Mikro-Lederband
- Mini-Schmuckschelle
- Filzstift in Schwarz
- Transparentpapier
- Schere
- Bleistift
- Bastelkleber
- beliebige Karten

Zu 2:
Nach Wunsch ein Ohr
nach oben falten und
damit aufstellen.

Zu 3:
Ergebnis von Punkt 2.

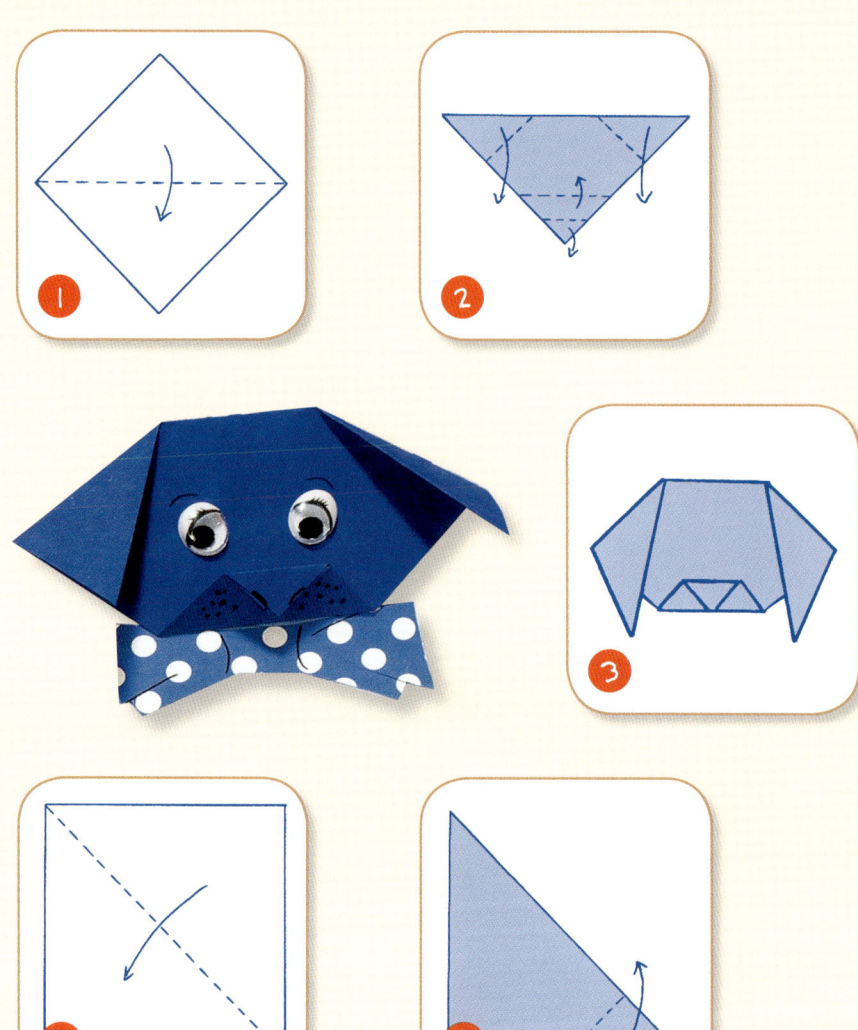

6: Kopf und Körper wie abgebildet aufeinanderkleben. Den
Hund mit Wackelaugen verzieren. Schnauze aufmalen oder
aufkleben. Halsband mit Glöckchen anbringen. Die Vorlage
für die Augen und den Knochen mit Transparentpapier auf
weißes bzw. braunes Papier übertragen, ausschneiden und
aufkleben. Den Knochen mit dem gewünschten Namen beschriften. Die bunten Halsschleifen nach Vorlage aus Papierresten zuschneiden. Die Köpfe auf die Karte kleben.

Vorlagen:

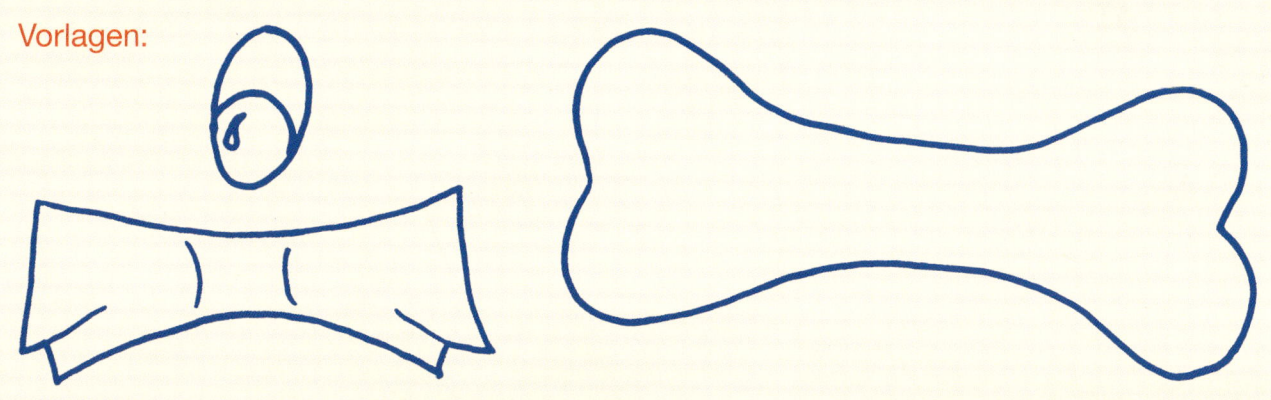

Geheime Post

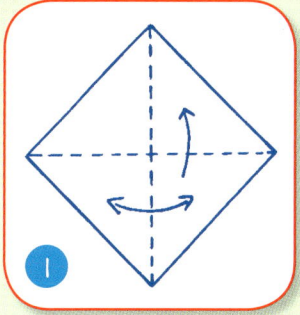

1

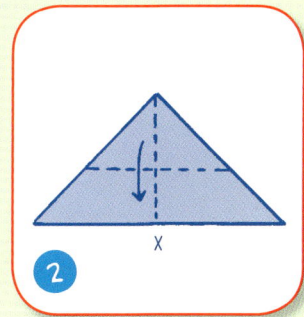

2

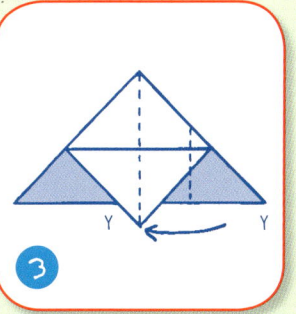

3

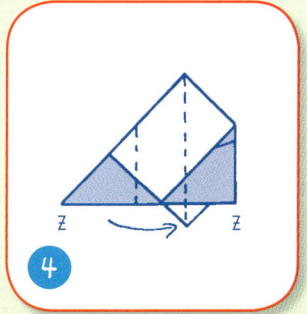

4

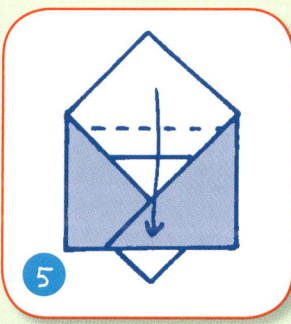

5

6: Die Umschläge nach Belieben mit (selbstgemalten) Briefmarken oder anderen kleinen Motiven verzieren.

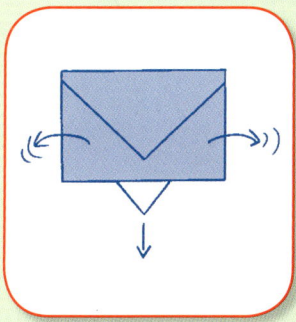

Tipp: Wenn der Empfänger des Briefes den Umschlag mit einer Hand oben in der Mitte festhält und mit der anderen Hand die kleine Spitze nach unten zieht, springt der Umschlag von selbst auf und gibt seine kleinen Geheimnisse preis.

Material

- Faltblätter in beliebiger Farbe, Größe und Musterung, 15 x 15 cm, oder superintensiv, 20 x 20 cm

Zu 4:
Die Spitze der linken Ecke in die Tüte, die der von rechts hereingeklappte Seitenflügel bildet, stecken.

Von Herzen

Material

- Faltblätter, superintensiv, ab 10 x 10 cm
- Dekomaterial wie Motivkärtchen
- Stanzteile wie Täubchen, Vögelchen und Zweige
- evtl. Motivlocher, z. B. kleine und große Herzen, Tonpapierreste
- Holzstreuteile
- Bastelkleber

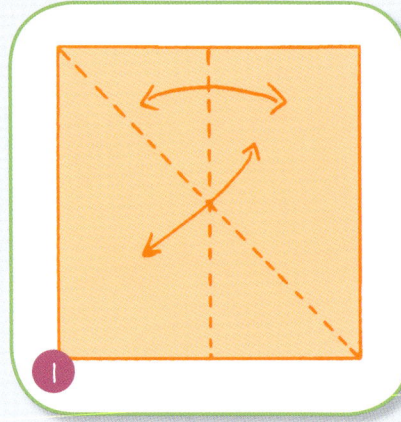

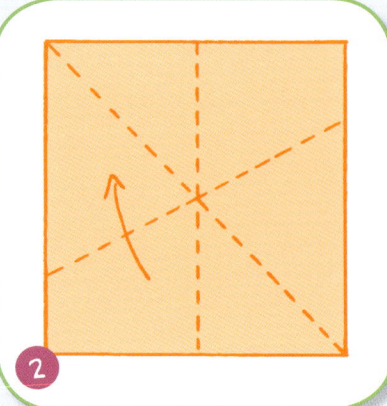

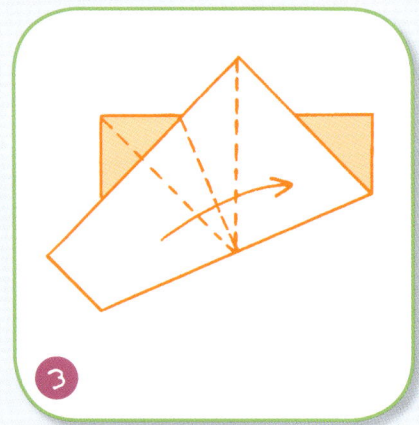

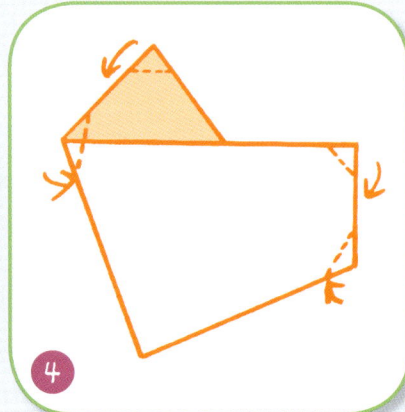

5: Die Herzen mit Dekomaterial, Stanz- und Streuteilen beliebig verzieren. Nach Wunsch mit den Motivlochern Herzen aus Tonpapierresten stanzen und aufkleben.

Für dich!

Material

- Faltblätter in beliebiger Farbe, Musterung und Qualität, z. B. Transparentpapier, Superintensivpapier, 10 x 10 cm und 15 x 15 cm
- Papierreste, gemustert
- Buntstifte
- Zeichenkarton
- Schere
- Bastelkeber

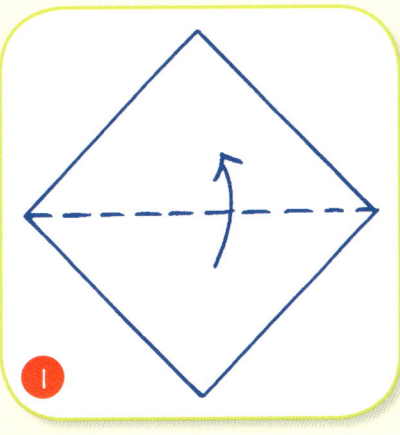

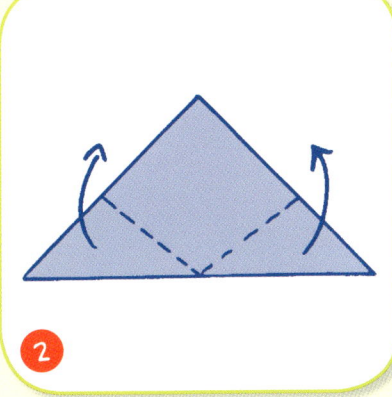

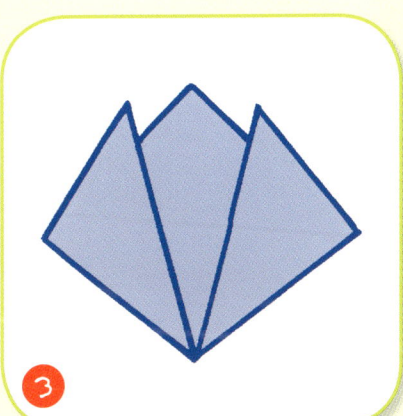

4: Pro Blume zwei Blütenteile ineinanderstecken. Möglich ist auch, eine kleine Blüte in eine große zu stecken. Die Blüten dann wie in einem Blumenstrauß nebeneinander auf einen großen Bogen farbigen Zeichenkarton kleben, mit Buntstiften Stiele dazumalen und aus den Papierresten eine passende Vase ausschneiden. Diese dann wie abgebildet über die Stiele kleben.

Kecke Käfer

Material

- 1 Faltblatt, 10 x 10 cm
- Filzstift in Schwarz

Zu 5:
Die Seiten jeweils nach vorn und hinten falten.

Zu 6:
Die seitlichen Flügel-teile jeweils nach innen einklappen.

Zu 7:
Die Flügel etwas auseinanderziehen.

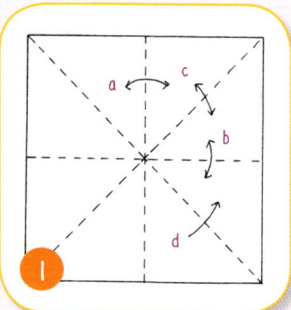

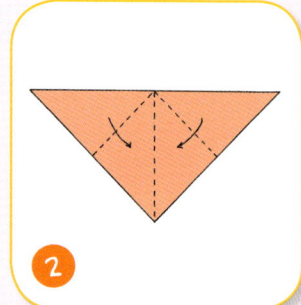

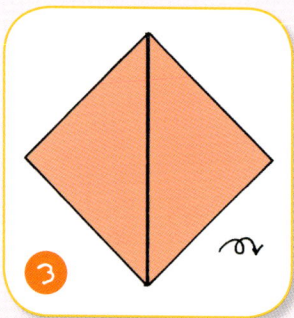

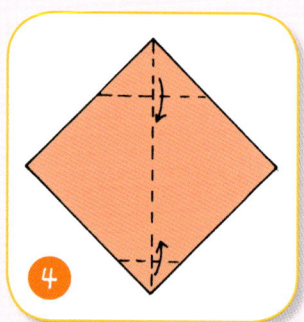

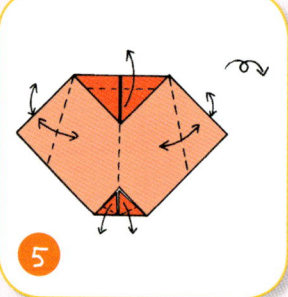

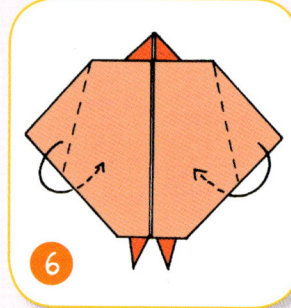

8: Mit dem Filzstift schwarze Punkte auf die Flügel malen. Den Kopf ebenfalls schwarz anmalen.

Kleine Hasenbande

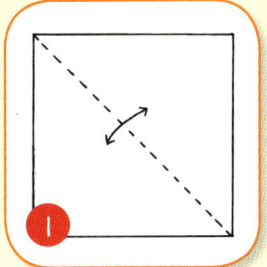

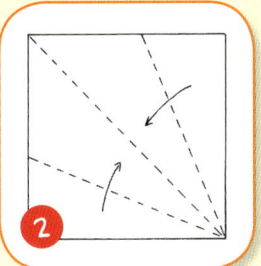

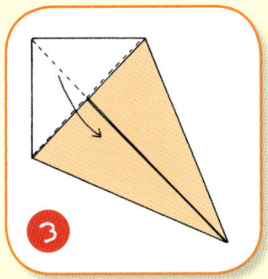

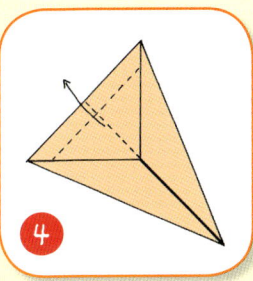

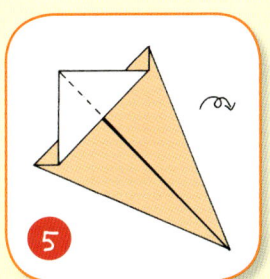

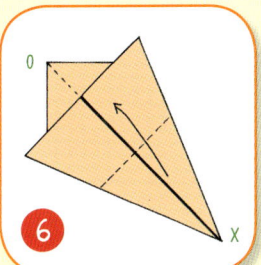

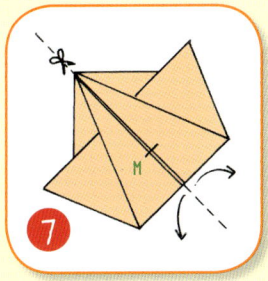

10: Jeweils beidseitig Wackelaugen aufkleben. Auf jeder Seite eine Musterklammer als Schnäuzchen mit Schnurrhaaren ankleben. Mit dem Filzstift wie abgebildet jeweils ein Hinterbein aufmalen.

Material

- 1 Faltblatt aus Strohseide, ca. 13 x 13 cm
- Wackelaugen
- farbige Musterklammern
- Filzstift in Schwarz
- Schere
- Bastelkleber

Zu 7:
Mit der Schere bis M einschneiden.

Kränze mal anders

Material

- 8 Faltblätter super-intensiv, nach Wunsch in unterschiedlichen Farben bedruckt, 10 x 10 cm

Zu 7:
So zwei Elemente ineinanderschieben.

Zu 8:
Die übrigen Elemente entsprechend anfügen und den Ring schließen.

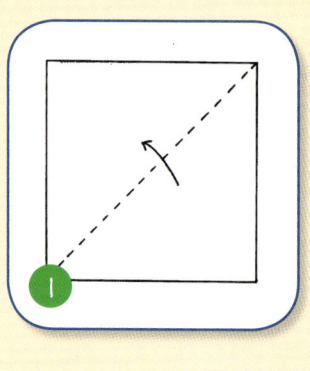
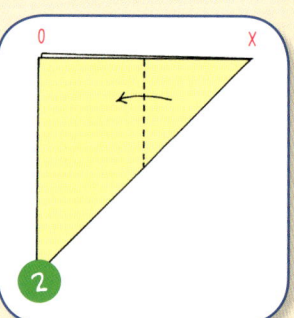
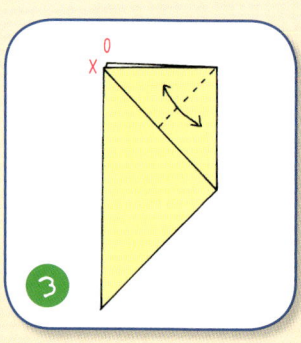
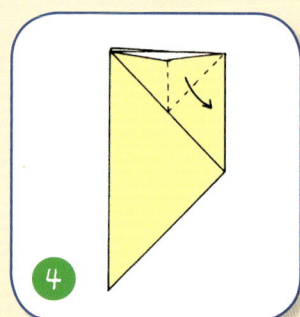
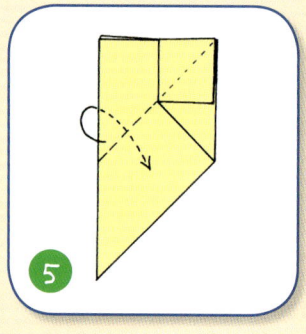
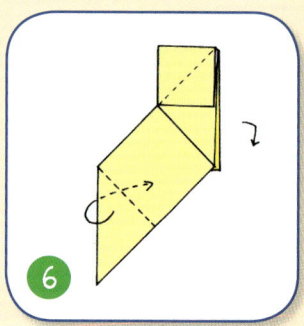
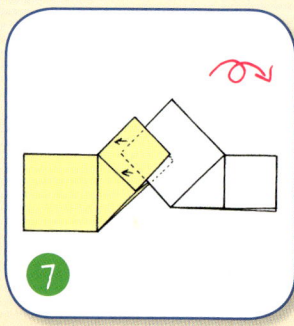
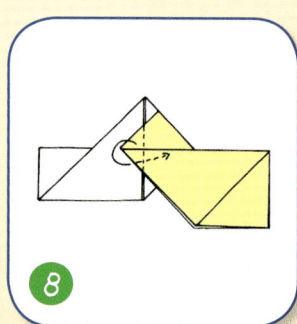

Überraschungs-körbe

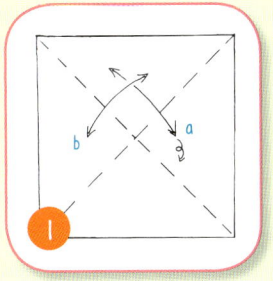

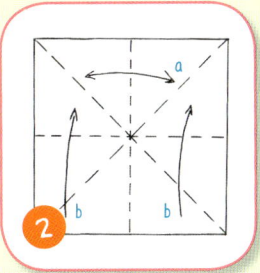

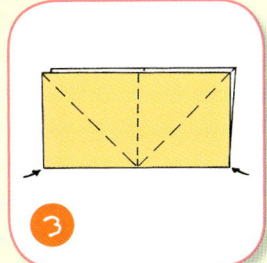

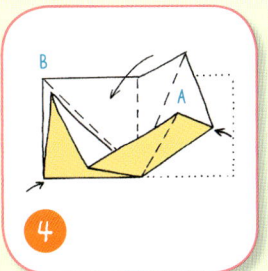

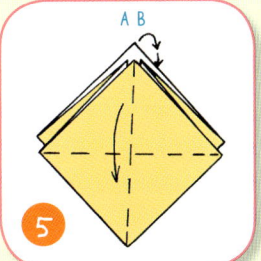

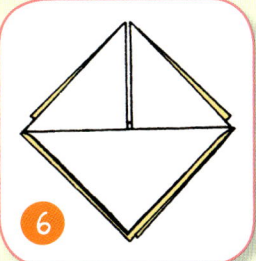

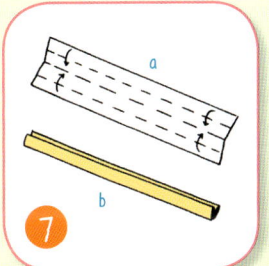

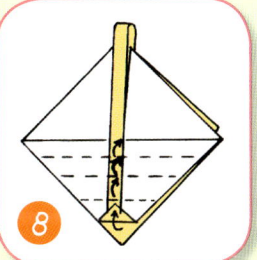

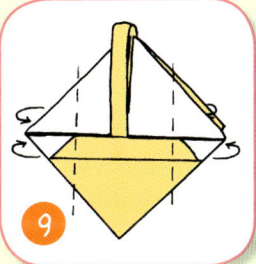

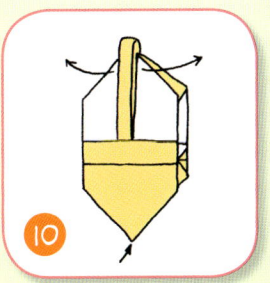

Material

- Je nach Korbgröße Origami-Faltblätter, 17,5 x 17,5 cm, oder Regenbogen-Transparentpapier, 21 x 21 cm

Zu 1:
Die zweite Diagonale erst falten, nachdem das Blatt umgedreht wurde.

Zu 6:
Ergebnis von Schritt 5.

Zu 7:
Einen Papierstreifen nach den Schritten a und b falten …

Zu 8:
… und in die Körbchen-seiten mit einfalten.

Zu 10:
Die oberen Faltspitzen rechts und links vom Henkel jeweils nach außen ziehen und dabei den Boden (unterer Pfeil) flachdrücken.

Im Reich der Riesenfalter

Material

- 1 japanisches Origami-Faltblatt, vorne und hinten in unterschiedlichen Farben bedruckt, in beliebiger Größe
- ummantelter Schmuckdraht, 1 mm breit, farblich passend
- Pompons, Ø 8 mm
- Bastelkleber
- evtl. Nylonfaden
- Schere

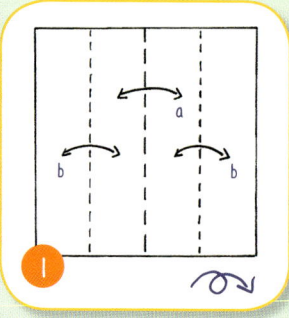

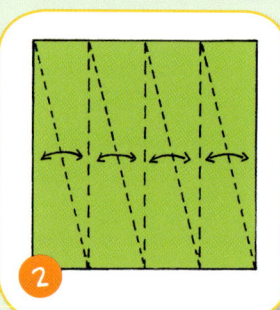

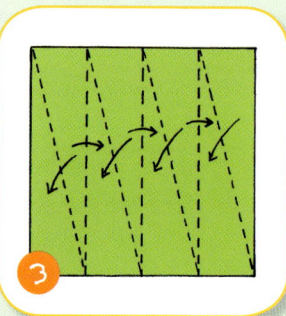

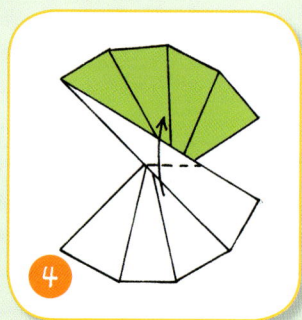

7: Aus dem Schmuckdraht zwei Stücke als Fühler abschneiden. Jeweils ein Ende zur Öse biegen und einen Pompon daraufkleben. Wie abgebildet die Drähte durch die Löchlein am Kopfende des Schmetterlings stecken und die Drahtenden von hinten ankleben. Nach Wunsch an Nylonfaden aufhängen.

Auf großer Fahrt

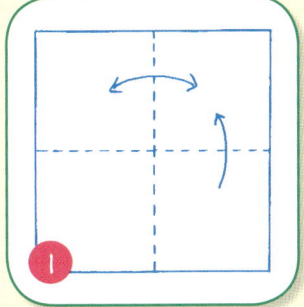

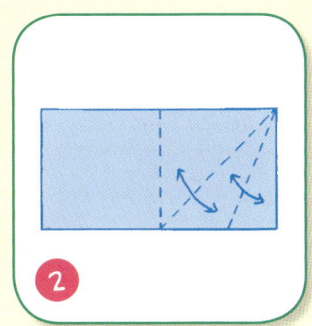

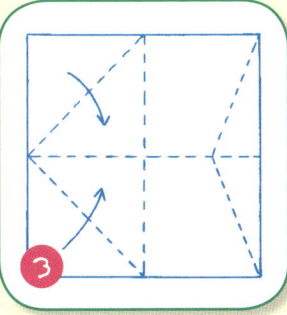

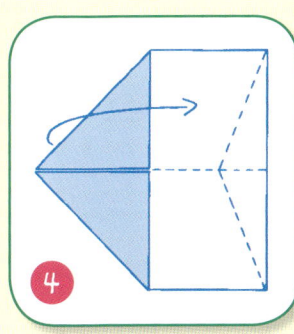

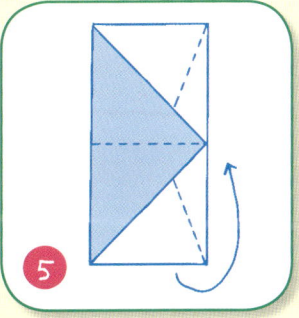

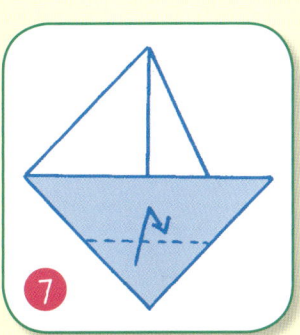

Material

- 1 japanisches Origami-Faltblatt, vorne und hinten in unterschiedlichen Farben bedruckt, 17,5 x 17,5 cm

Zu 7:
Die untere Spitze umfalten, so dass das Boot aufrecht stehen bleibt.

Du hast den Durchblick!

Material

- 1 rechteckigen Bogen farbiges Papier, z. B. Schreibpapier, DIN A4 oder DIN A5

Zu 1:
Nach fertiger Faltung das Papier ein wenig im Uhrzeigersinn drehen.

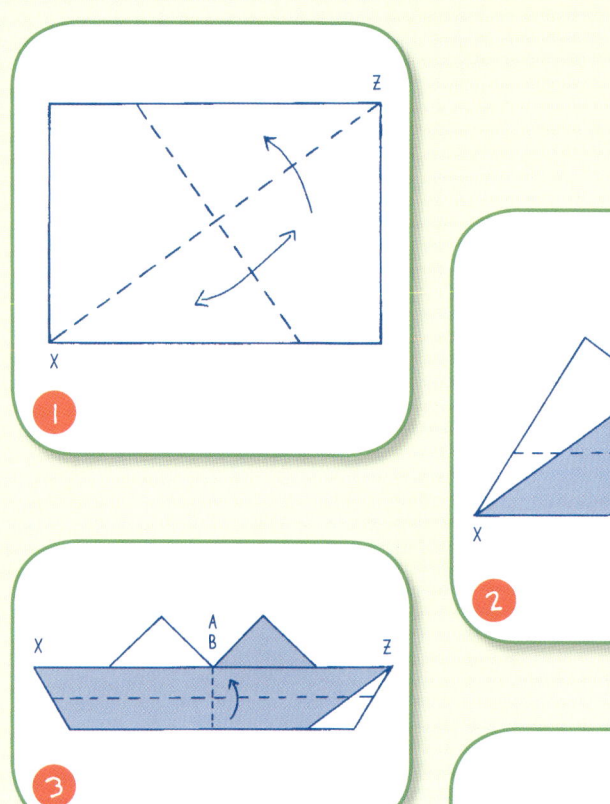

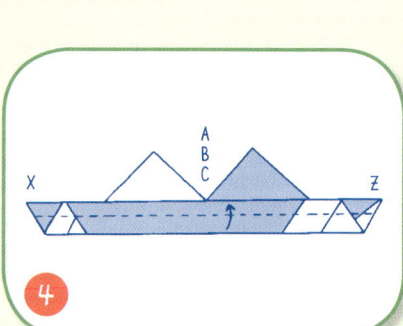

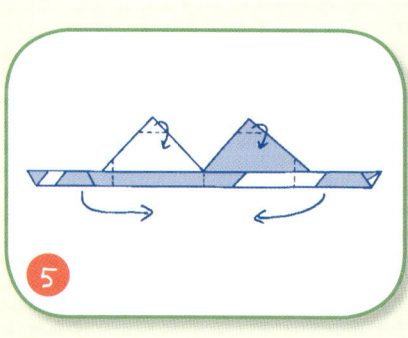

Vom Hut zum Fisch

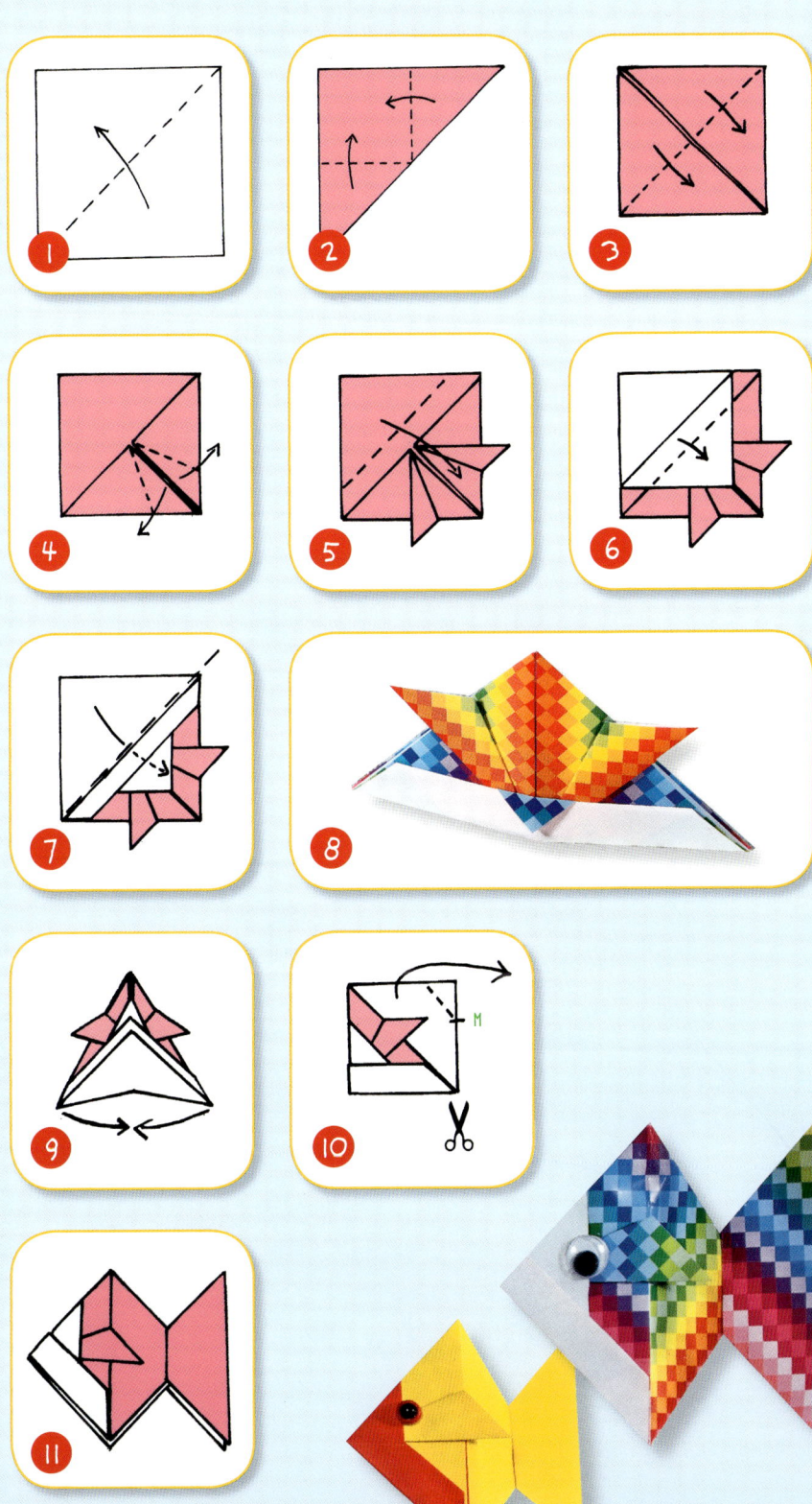

Material

- 1 japanisches Origami-Faltblatt, vorne und hinten in unterschiedlichen Farben oder mit Mustern bedruckt, in beliebiger Größe
- Wackelaugen
- Nylonfaden
- Schere
- Bastelkleber

Zu 7:
Für den Hut die Ecke nach innen, für den Fisch die Ecke nach hinten falten.

Zu 8:
Fertiger Hut.

Zu 10:
Mit der Schere die angegebene Kante bis M einschneiden. Die Papierspitze seitlich wegziehen und entlang der angegebenen Linie zum Schwanz flachdrücken.

Süße Zuckerstangen

Material

- Faltblätter mit Streifen, 15 x 15 cm, oder japanische Origami-Faltblätter, vorne und hinten in unterschiedlichen Farben bedruckt, 17,5 x 17,5 cm
- Faltblätter super-intensiv, 10 x 10 cm
- Filzstifte in ver-schiedenen Farben
- Bastelkleber
- Kordelreste
- Mini-Schmuckschellen

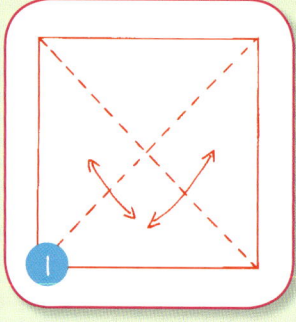

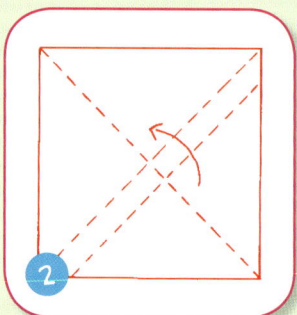

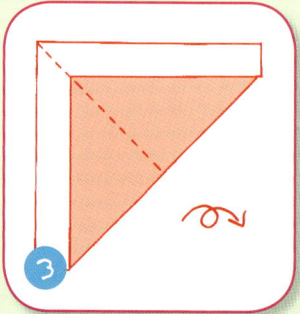

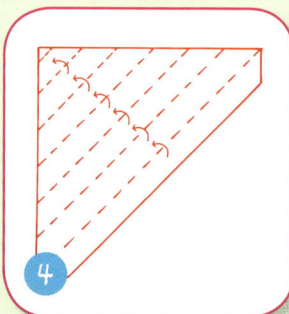

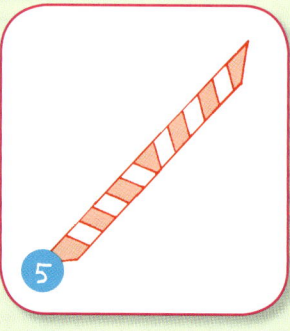

6: Die fertige Zuckerstange an einem Ende über einen dicken Stift etwas rund biegen. Die Spitze in der Mitte mit etwas Kleber sichern, damit sie nicht aufspringt.

7: Pro Zuckerstange ein kleines Faltblatt (10 x 10 cm) in eine beliebige Form falten, z. B. Dreieck oder Quadrat, bemalen und mit einem Namen beschriften. Die Schilder nach Belieben mit einer Mini-Schelle an einer Kordel verzieren.

Schnittige Flugobjekte

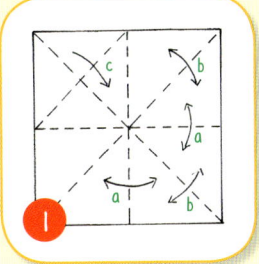

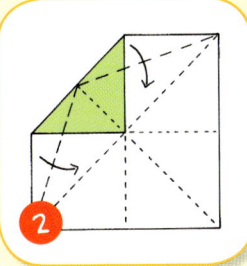

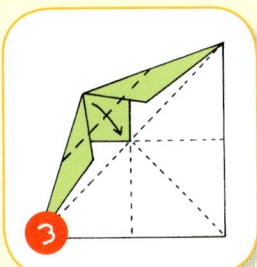

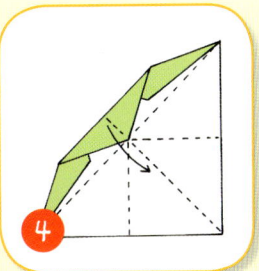

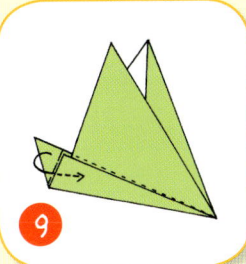

Material

- 1 japanisches Origami-Faltblatt, vorne und hinten in unterschiedlichen Farben bedruckt, ca. 18 x 18 cm

Zu 8:

Die Flügel nach oben klappen. Den unteren Bereich des Flugzeug-rumpfs nach hinten umfalten.

Zu 9:

Die Spitze am Heck des Fliegers umknicken und in die „Tasche" des Rumpfs stecken.

Bunte Vogelschau

Material

- 1 japanisches Origami-Faltblatt, vorne und hinten in unterschiedlichen Farben bedruckt, ab 15 x 15 cm
- Wackelaugen, Mini-Pompon oder Plastik-Tieraugen
- Schere
- Bastelkleber

Zu 5:

Den rechten Dreiecks-flügel bei X öffnen und entlang der Linie M–D schräg nach unten ziehen …

Zu 6:

… so dass A auf M zu liegen kommt. Mit dem linken Flügel entsprechend verfahren.

Zu 7:

Für den Vogel gibt es zwei Varianten: Bei Variante 1 für den Schwanz eine Zickzackfaltung machen (b), bei Variante 2 keine.

Zu 9:

Eine Tütenfaltung nach innen machen.

Zu 10:

Vogel Variante 2.

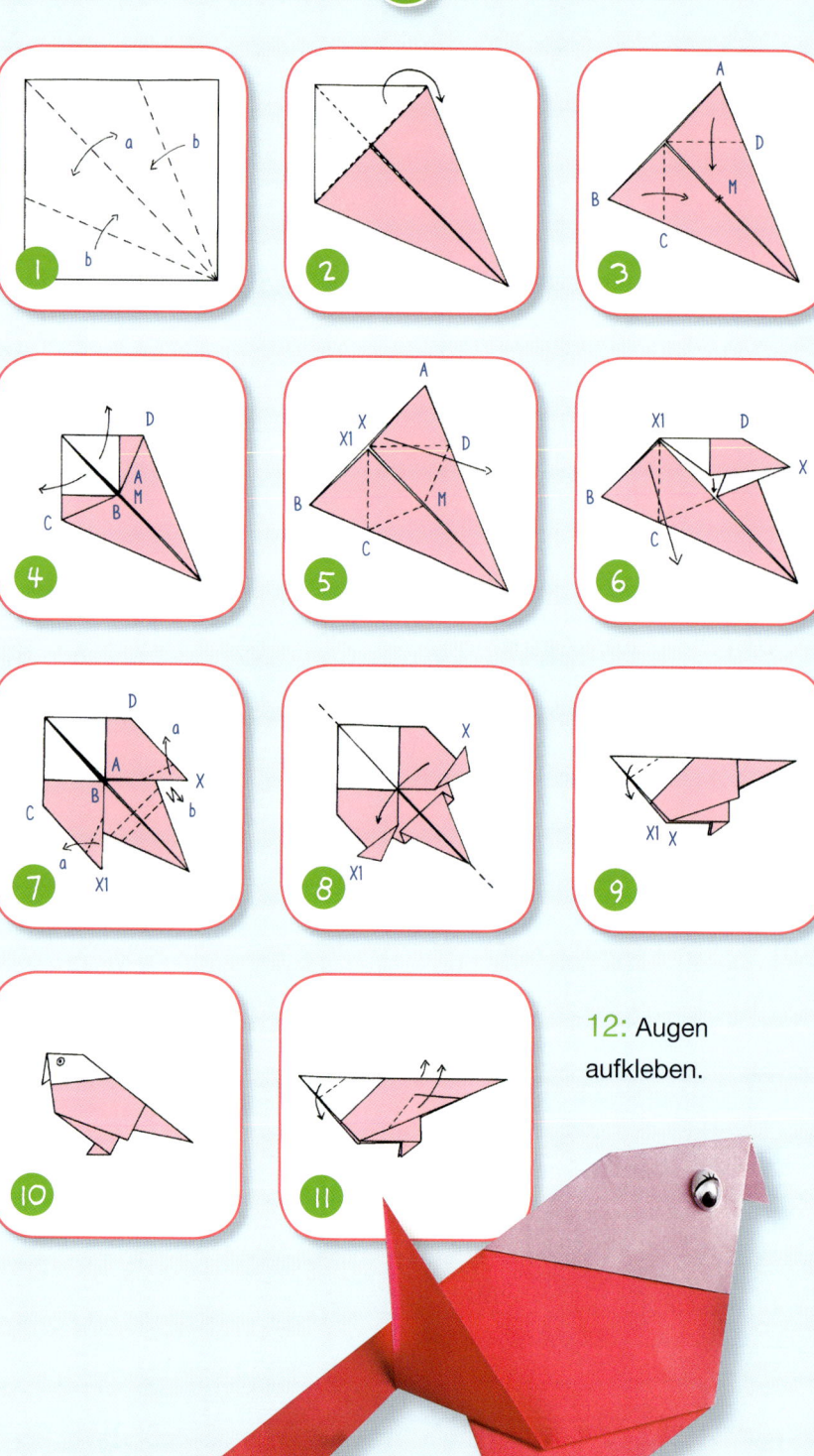

12: Augen aufkleben.

Lustiges Froschhüpfen

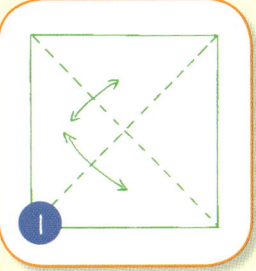

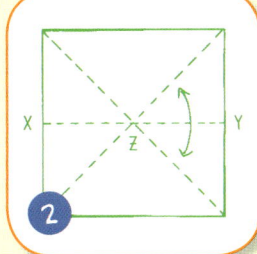

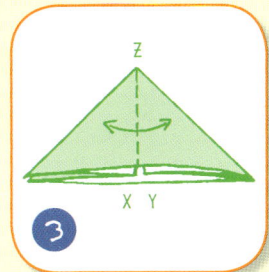

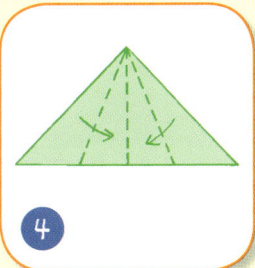

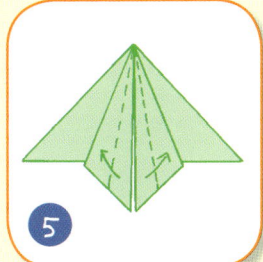

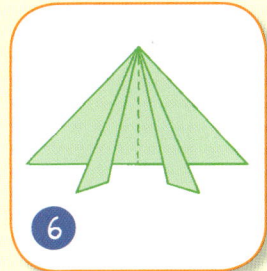

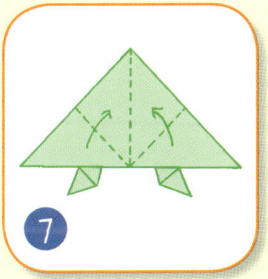

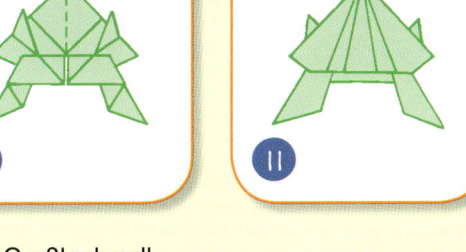

Material

- Faltblätter super-intensiv in Grün-tönen, 20 x 20 cm (großer Frosch) und 10 x 10 cm (kleiner Frosch)
- Großlochradl aus Acryl in Grüntönen
- Rocailles, Ø 4 mm
- Bastelkleber

Zu 2:

Die jeweils oberen Lagen der beiden seitlichen Ecken zur Mitte hin falten, so dass die jeweiligen Spitzen auf Z zu liegen kommen.

12: Großlochradl als Augen aufkleben und Rocaille als Pupille einkleben.

Drück dem Frosch aufs Hinterteil – und schon schnellt er nach vorne!

Vorhang auf für Füchse

Material

- 1 quadratisches Faltblatt superintensiv, in beliebiger Größe
- Wackelaugen
- Bastelkleber

Zu 6:
Nach Faltung b die Faltarbeit umdrehen und den Faltvorgang wiederholen.

Zu 7:
Ergebnis von Schritt 6.

Zu 8:
Die Faltarbeit von unten öffnen, so dass man eine schiffchenförmige Mütze erhält. Diese Mütze weiter öffnen und entlang der Quermitte eindrücken, so dass die eine Ecke auf die andere Ecke herunterklappt und ein Maul entsteht.

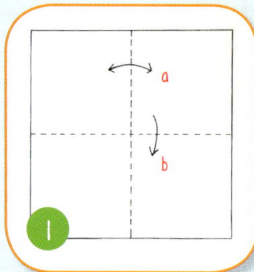

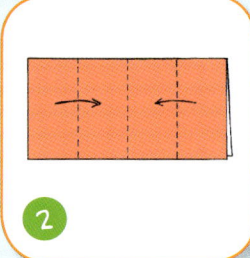

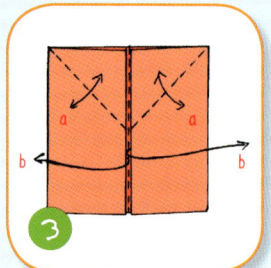

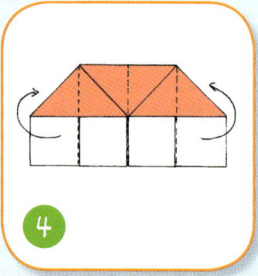

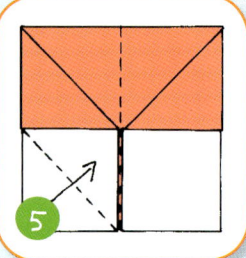

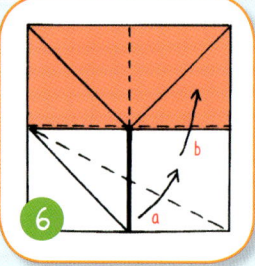

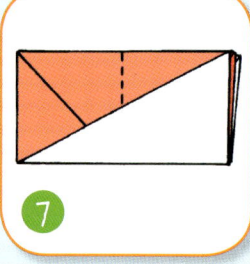

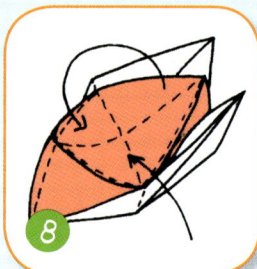

9: Wackelaugen aufkleben und den Finger von hinten in den Kopf stecken.

Geschöpfe der Nacht

Material

- 1 quadratisches Faltblatt aus Strohseide
- Halbperlen
- Nylonfaden
- Alleskleber

Zu 8:
Nach den Faltungen die Faltarbeit wieder öffnen.

Zu 9:
Die beiden Flügel in Faltung a nach hinten und in b nach vorne falten und wieder aufspringen lassen. Die Tüten an den oberen Spitzen aufziehen (c) und zu Ohren formen.

11: Halbperlen als Augen aufkleben und auf der Rückseite Nylonfaden zum Aufhängen ankleben. Die Flügel in Form biegen.

Stunde der Vampire

- 1 Origami-Faltblatt, einseitig bedruckt in Rot oder Schwarz
- Rest Moosgummi in Schwarz, 1 mm stark
- Halbperlen in Schwarz
- Filzstifte in Rot und Schwarz
- Schere
- Bleistift
- Bastelkleber

Zu 6:
Für die Ohren die oben liegenden Ecken leicht anheben, zu einer Tüte formen, nach rechts oben bzw. links oben führen und flachdrücken.

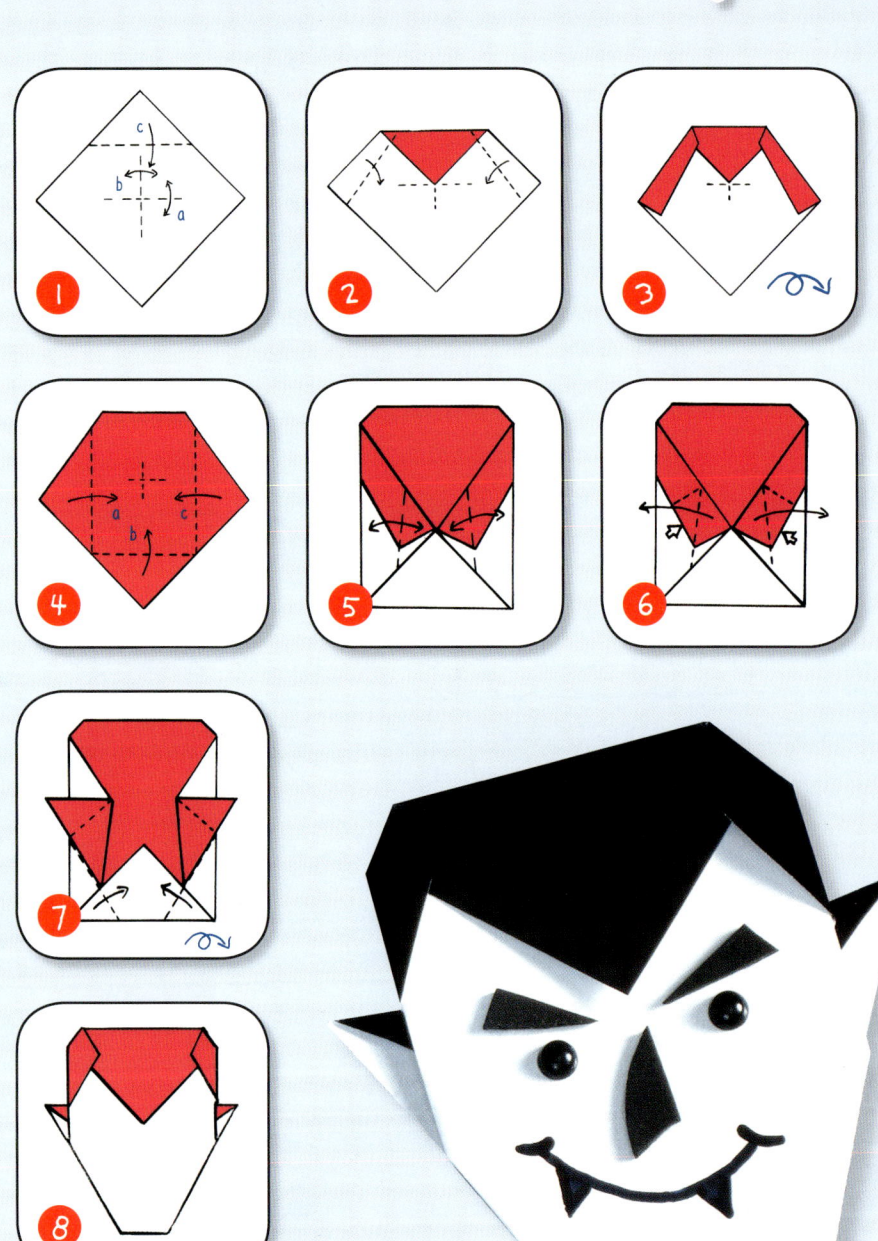

9: Aus Moosgummi Dreiecke oder andere Formen als Nasen ausschneiden und zusammen mit den Halbperlen als Augen aufkleben. Mund mit Zähnen aufmalen.

Wilder Hexentanz

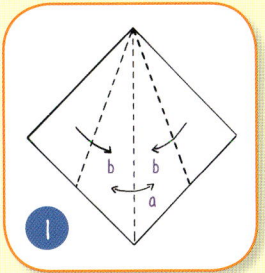

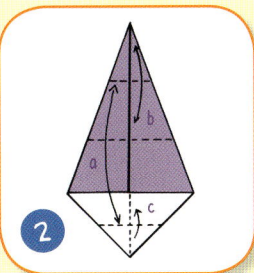

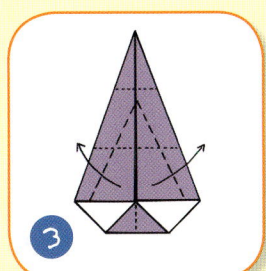

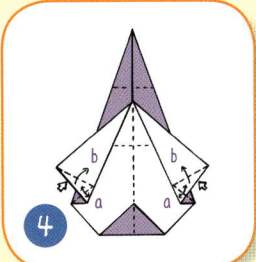

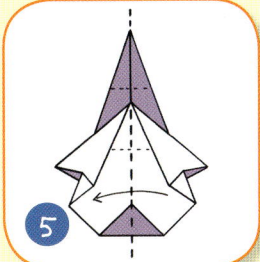

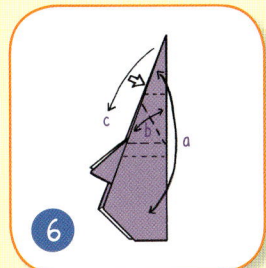

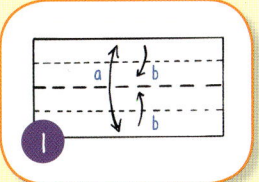

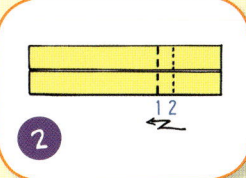

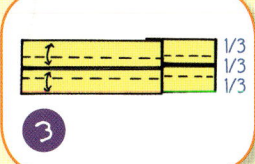

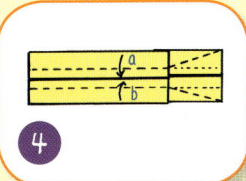

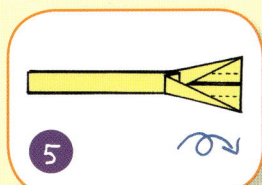

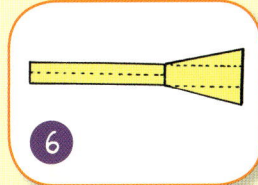

Material

Pro Hexe

- 1 Origami-Faltblatt, einseitig bedruckt
- Moosgummireste
- Lackmalstifte in Weiß und Schwarz
- Schere
- Bastelkleber

Pro Besen

- ½ quadratisches Faltblatt aus Regenbogen-Buntpapier

Zu 4 (Hexe):
In b die angezeigten Ecken leicht anheben, zu einer Tüte formen und nach oben flach drücken.

Zu 6 (Hexe):
In c die Spitze leicht öffnen, in Tütenform nach links unten falten und flachdrücken.

10 (Hexe):
Augen, Nase und Mund aus Mossgummiresten zuschneiden und aufkleben. Augen mit Acryllinern verzieren.

Herrschaften im Frack

Material

- 1 Origami-Faltblatt, einseitig bedruckt in Schwarz bzw. 1 japanisches Origami-Faltblatt vorne in Schwarz und hinten in Natur bedruckt
- Wackelaugen oder Halbperlen
- Alleskleber

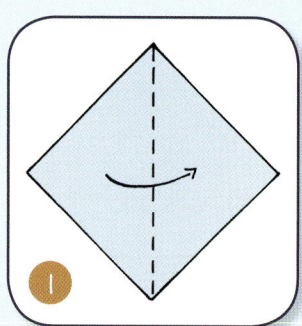

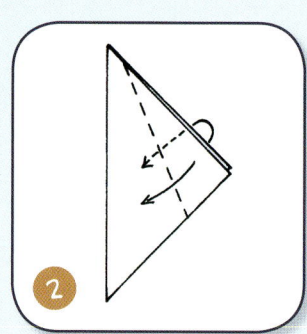

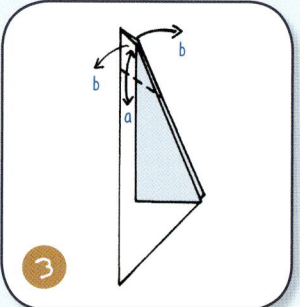

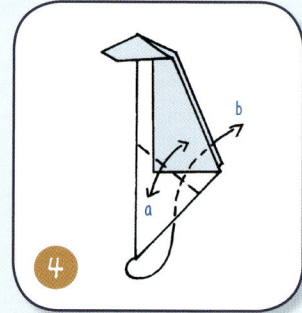

7: Wackelaugen oder Halbperlen als Augen aufkleben.

Glitzernde Himmelsboten

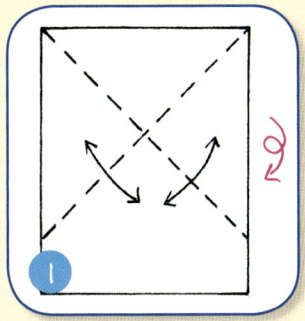

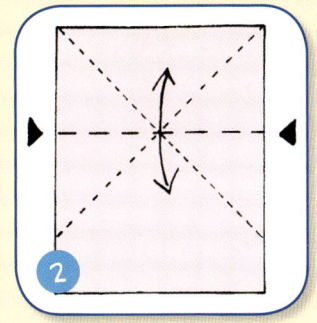

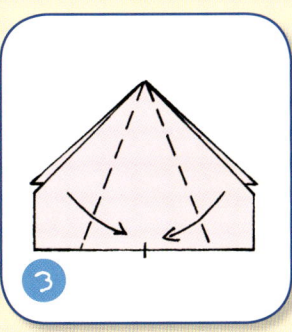

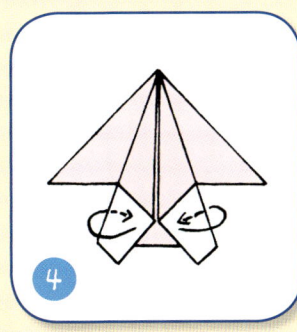

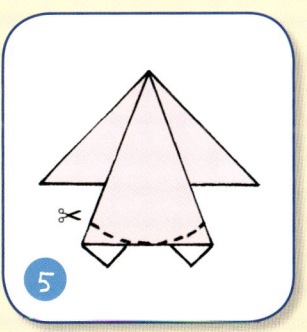

Vorlage:

6: Die Vorlage für den Kopf mit Transparentpapier auf das hautfarbene Tonpapier übertragen. Die Frisur nochmals auf das gelbe Papier durchpausen. Beide Teile ausschneiden und aufeinanderkleben. Gesicht und Haare mit Filzstift aufmalen. Den Kopf hinter dem Kleid mit den Flügeln fixieren. Das Kleid mit Bortenresten verzieren und nach Wunsch Sternchen aufkleben.

Material

- 1 Faltblatt aus irisierendem Papier, Zuschnitt 14 x 12 cm
- Tonpapierreste in Hautfarben und Maisgelb
- Filzstifte in Weiß, Schwarz und Gold
- Transparent- und Pauspapier
- Schere
- Bleistift
- Alleskleber
- schmale Bortenreste
- Klebesternchen

Zu 2:
Die mit Pfeilen gekennzeichneten Seiten einwärts falten …
Zu 3:
… so dass sich ein Zelt ergibt.

Weihnachten zu Hause

Material

- 4 Transparentpapier-Faltblätter in Weiß, Zuschnitt 4 x 11 cm
- 4 Transparentpapier-Faltblätter in Orange, Zuschnitt 8 x 10 cm
- 4 Transparentpapier-Faltblätter in Rot, Zuschnitt 10 x 15 cm
- Küchenkrepp
- Metallpapier in Gold und Rot
- Schere
- Bleistift
- Alleskleber

Zu 4:
Aus vier Zacken diesen einfachen Stern kleben.

Zu 5:
Aus acht Zacken diesen achtzackigen Stern kleben.

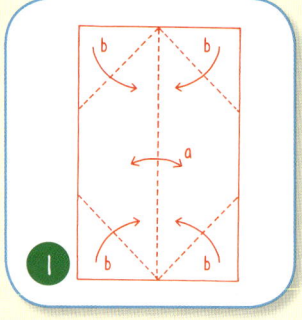

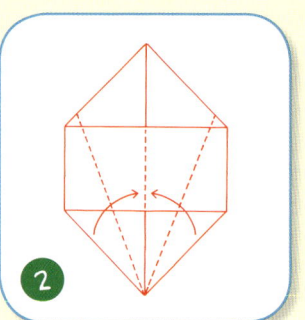

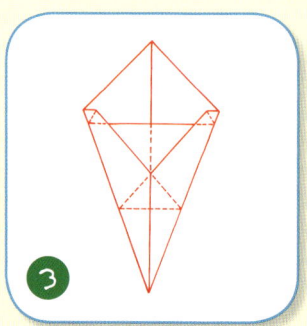

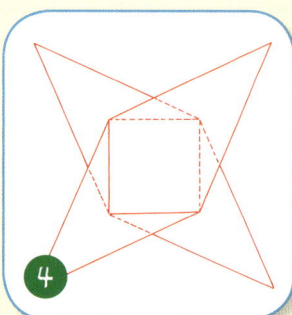

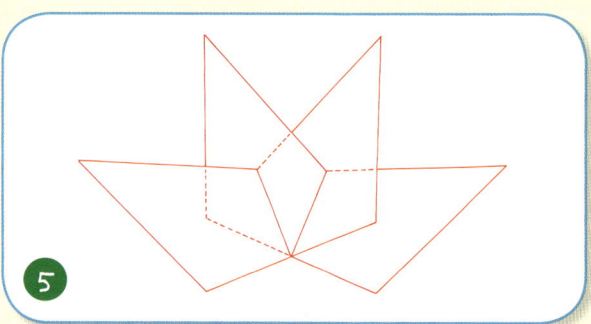

6: Auf den kleinen weißen Stern einzelne Küchenkreppschnitzel kleben, das ergibt einen Schneekristall. Kleine golden und rotglänzende Flächen aus Metallpapier lassen die großen Sterne glitzern und funkeln.

Sie haben Fragen zu Materialien, Anleitungen oder einer Kreativtechnik? Ganz gleich, ob Basteln, Malen oder Handarbeiten: Wir helfen Ihnen weiter!

Schreiben Sie uns,
wir sind für Sie da!

service-hotline@c-verlag.de

Christophorus Verlag GmbH & Co. KG • Leser-Service • Römerstr. 90 • D-79618 Rheinfelden • Fax: 076 23 / 96 46 44 49

Impressum

Modelle: Hannelore Eberhardt-Arntzen (S. 8–29, 32–59); Brigitte Stürmer (S. 30/31)
Fotos: Studio Inge Ofenstein (S. 10–13, 16–23, 34–37, 40/41, 46/47); Studio Richter und Fink GmbH/Bettina Lücke (S. 14/15, 24–31, 44/45, 48/49); Uzwei/Uli Glasemann (S. 8/9, 32/33, 38/39, 42/43, 50–59)
Styling: Ulrike Harter (S. 8/9, 32/33, 38/39, 42/43, 50–61); Ulrike Hundhammer/Heike Mayer (S. 10–13, 16–23, 34–37, 40/41, 46/47); Studio Richter und Fink GmbH/Bettina Lücke (S. 14/15, 24–31, 44/45, 48/49)
Redaktion und Lektorat: Franziska Schlesinger
Layout: Yvonne Rangnitt
Umschlaggestaltung: Yvonne Rangnitt
Satz: GrafikwerkFreiburg
Repro: Meyle & Müller GmbH & Co. KG, Pforzheim
Druck und Verarbeitung: Himmer AG, Augsburg

ISBN 978-3-8388-3108-4
Art.-Nr. 3108

© 2010 Christophorus Verlag GmbH & Co. KG, Freiburg
Alle Rechte vorbehalten